Cornelia Haas · Ulrich Renz

Minun kaikista kaunein uneni

Il mio più bel sogno

Kaksikielinen lastenkirja

äänikirja ja video saatavilla verkossa

Käännös:

Janika Tuulia Konttinen (suomi)

Clara Galeati (italia)

Äänikirja ja video:

www.sefa-bilingual.com/bonus

Ilmainen pääsy salasanalla:

suomi: **BDFI1518**

italia: **BDIT1829**

Lulu ei pysty nukahtamaan.
Kaikki muut näkevät jo unta –
hai, elefantti, pieni hiiri,
lohikäärme, kenguru, ritari,
apina, lentäjä. Ja vauvaleijona.
Myös nallen silmät painuvat jo
melkein kiinni ...

Hei nalle, otatko minut mukaan
uneesi?

Lulù non riesce ad
addormentarsi. Tutti gli altri
stanno già sognando – lo
squalo, l'elefante, il topolino, il
drago, il canguro, il cavaliere, la
scimmia, il pilota. E il leoncino.
Anche all'orso stanno crollando
gli occhi ...

Ehi orso, mi porti con te nel tuo
sogno?

Ja niin jo on Lulu Nalle-Unimaassa. Nalle kalastaa Tagayumi-järvellä. Ja Lulu
ihmettelee, kuka tuolla ylhäällä puissa mahtaa asua?

Kun uni päättyy, tahtoo Lulu seikkailla vielä lisää. Tule mukaan, menemme
käymään hain luona! Mistä se mahtaa nähdä unta?

E così Lulù è già nel paese dei sogni degli orsi. L'orso cattura pesci nel lago Tagayumi. E Lulù si chiede chi potrebbe mai vivere là su quegli alberi? Quando il sogno è finito, Lulù vuole provare qualcos'altro. Vieni, andiamo a trovare lo squalo! Che cosa starà sognando?

Hai leikkii hippaa kalojen kanssa. Vihdoinkin hänellä on ystäviä! Kukaan ei pelkää hänen teräviä hampaitaan.

Kun uni päättyy, tahtoo Lulu seikkailla vielä lisää. Tulkaa mukaan, menemme käymään elefantin luona! Mistä se mahtaa nähdä unta?

Lo squalo sta giocando ad acchiapparella con i pesci. Finalmente ha degli amici! Nessuno ha paura dei suoi denti aguzzi.

Quando il sogno è finito, Lulù vuole provare qualcos'altro. Venite, andiamo a trovare l'elefante! Che cosa starà sognando?

Elefantti on kevyt kuin höyhen ja pystyy lentämään! Pian se laskeutuu taivasniitylle.

Kun uni päättyy, tahtoo Lulu seikkailla vielä lisää. Tulkaa mukaan, menemme käymään pienen hiiren luona! Mistä se mahtaa nähdä unta?

L'elefante è leggero come una piuma e può volare! Sta per atterrare sul prato celeste.

Quando il sogno è finito, Lulù vuole provare qualcos'altro. Venite, andiamo a trovare il topolino! Che cosa starà sognando?

Pieni hiiri katselee tivolia. Eniten hän pitää vuoristoradasta.

Kun uni päättyy, tahtoo Lulu seikkailla vielä lisää. Tulkaa mukaan,
menemme käymään lohikäärmeen luona! Mistä se mahtaa nähdä unta?

Il topolino sta guardando la fiera. Gli piacciono particolarmente le montagne russe.

Quando il sogno è finito, Lulù vuole provare qualcos'altro. Venite, andiamo a trovare il drago! Che cosa starà sognando?

Lohikäärmeellä on jano tulen syöksemisestä. Mieluiten se haluaisi juoda
kokonaisen limonadijärven tyhjäksi.

Kun uni päättyy, tahtoo Lulu seikkailla vielä lisää. Tulkaa mukaan,
menemme käymään kengurun luona! Mistä se mahtaa nähdä unta?

Il drago, a furia di sputare fuoco, ha sete. Gli piacerebbe bersi l'intero lago
di limonata.
Quando il sogno è finito, Lulù vuole provare qualcos'altro. Venite, andiamo
a trovare il canguro! Che cosa starà sognando?

Kenguru hyppii läpi makeistehtaan ja ahtaa pussinsa täyteen. Vielä lisää sinisiä karkkeja! Ja lisää tikkareita! Ja suklaata!

Kun uni päättyy, tahtoo Lulu seikkailla vielä lisää. Tulkaa mukaan, menemme käymään ritarin luona! Mistä se mahtaa nähdä unta?

Il canguro sta saltando nella fabbrica di dolciumi e si riempe il marsupio.

Ancora caramelle blu! E ancora lecca-lecca! E cioccolata!

Quando il sogno è finito, Lulù vuole provare qualcos'altro. Venite, andiamo a trovare il cavaliere! Che cosa starà sognando?

Ritari käy kakkusotaa unelmiensa prinsessan kanssa. Ooh! Kermakakku
menee ohi!

Kun uni päättyy, tahtoo Lulu seikkailla vielä lisää. Tulkaa mukaan,
menemme käymään apinan luona! Mistä se mahtaa nähdä unta?

Il cavaliere sta facendo una battaglia di torte con la principessa dei suoi sogni. Oh! La torta alla panna va nella direzione sbagliata!

Quando il sogno è finito, Lulù vuole provare qualcos'altro. Venite, andiamo a trovare la scimmia! Che cosa starà sognando?

Kerrankin apinamaassa on satanut lunta! Koko apinajoukko on riemuissaan ja pelleilee.

Kun uni päättyy, tahtoo Lulu seikkailla vielä lisää. Tulkaa mukaan, menemme käymään lentäjän luona, mihin uneen hän on mahtanut laskeutua?

Finalmente ha nevicato in Scimmialandia! L'intera combriccola di scimmie non sta più nella pelle e si comportano tutte come in una gabbia di matti. Quando il sogno è finito, Lulù vuole provare qualcos'altro. Venite, andiamo a trovare il pilota! In che sogno potrebbe essere atterrato?

Lentäjä lentää ja lentää. Maailman loppuun ja vielä eteenpäin tähtiin asti.
Siihen ei ole vielä kukaan toinen lentäjä pystynyt.
Kun uni päättyy, ovat kaikki jo hyvin väsyneitä, eivätkä he tahdo enää
seikkailla niin paljon. Mutta vauvaleijonan luona he haluavat vielä käydä.
Mistä se mahtaa nähdä unta?

Il pilota vola e vola ancora. Fino ai confini della terra e ancora più lontano, fino alle stelle. Non ce l'ha fatta nessun altro pilota.

Quando il sogno è finito, sono già tutti molto stanchi e non vogliono più continuare a provare così tanto. Però il leoncino, vogliono ancora andare a trovarlo. Che cosa starà sognando?

Vauvaleijonalla on koti-ikävä ja se haluaa takaisin lämpimään, pehmoiseen petiin.

Ja muut myös.

Ja siellä alkaa ...

Il leoncino ha nostalgia di casa e vuole tornare nel caldo, accogliente letto.
E gli altri pure.

E là inizia ...

... Lulun kaikista kaunein uni.

... il più bel sogno
di Lulù.

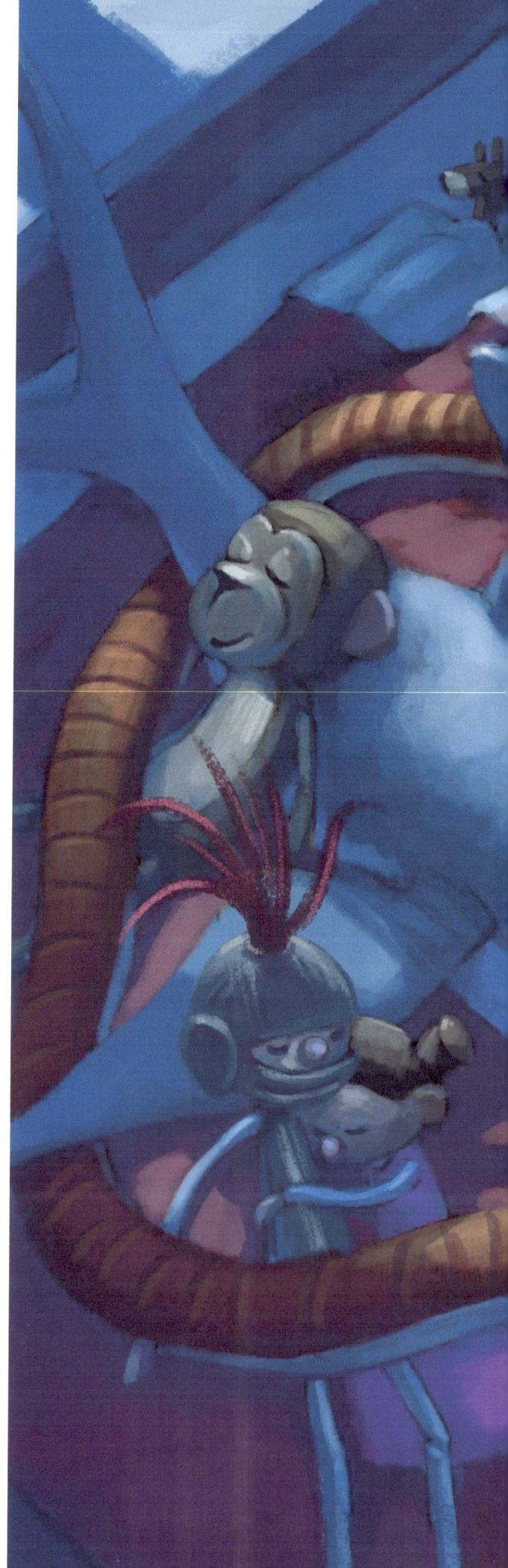

Kirjailijat

Cornelia Haas syntyi 1972 Ichenhausenissa Augsburgissa (Saksa). Hän opiskeli muotoilua Münsterin ammattikorkeakoulussa ja valmistui sieltä diplomi-muotoilijaksi. Vuodesta 2001 lähtien hän kuvittaa lasten- ja nuortenkirjoja, vuodesta 2013 lähtien hän opettaa akryyli- ja digitaalimaalauksen dosenttina Münsterin ammattikorkeakoulussa.

Ulrich Renz syntyi 1960 Stuttgartissa (Saksa). Hän opiskeli ranskalaista kirjallisuutta Pariisissa ja lääketiedettä Lyypekissä, sen jälkeen hän työskenteli tieteellisen kustantamon johtajana. Nykyään Renz on vapaa kirjailija, asiateosten lisäksi hän kirjoittaa lasten- ja nuortenkirjoja.

Väritätkö mielelläsi?

Täältä löydät kaikki tarinan kuvat väritettäviksi:

www.sefa-bilingual.com/coloring

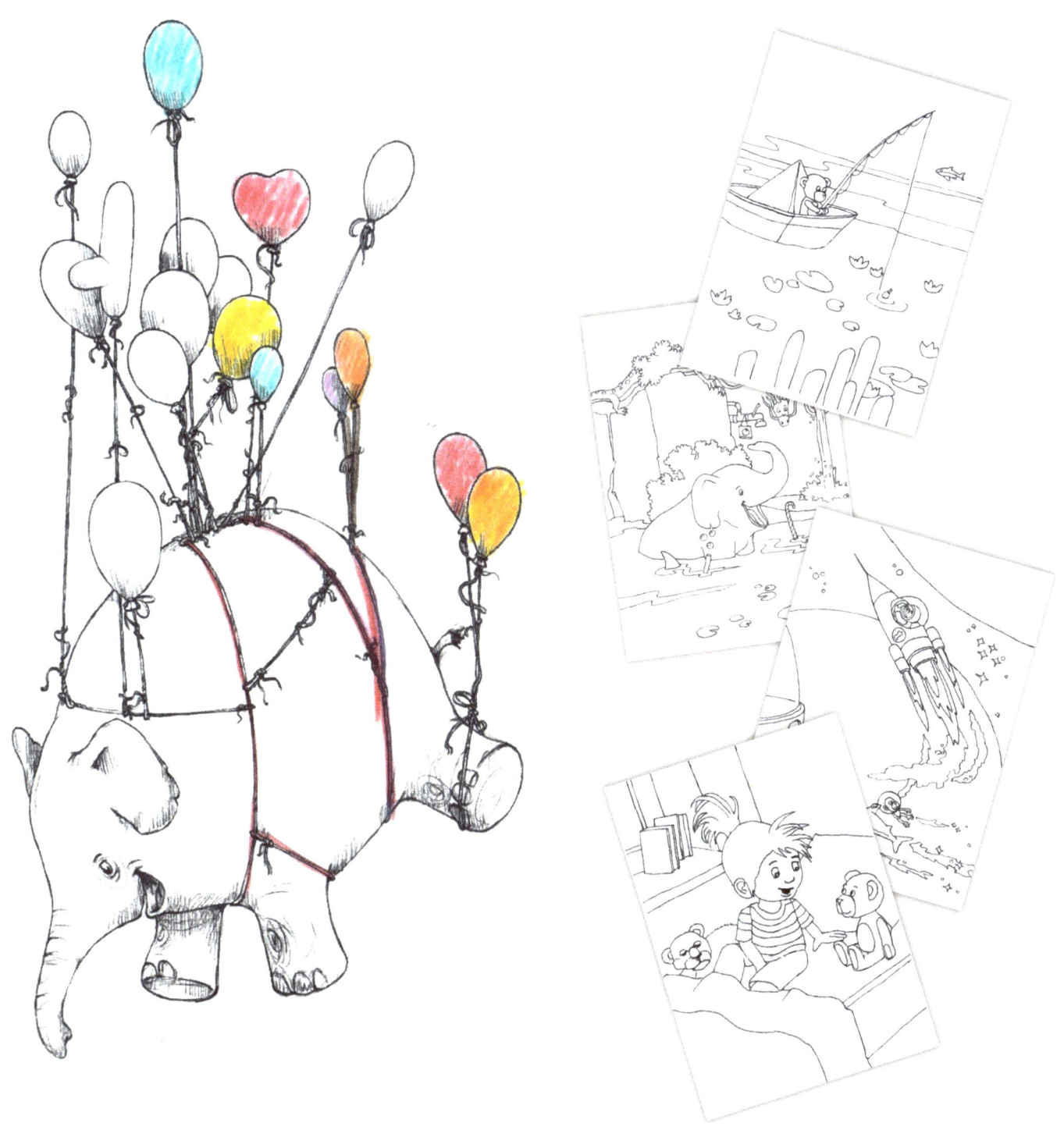

Nuku hyvin, pieni susi

Lapsille yli 2-vuotiaiden

äänikirja ja video saatavilla verkossa

Timiä ei nukuta. Hänen pieni sutensa on kadonnut! Unohtuikohan se ulos?
Aivan yksin hän uskaltautuu pimeään yöhön – ja saa mukaansa odottamattomia vieraita....

Saatavilla kielilläsi?

► Katso „kielitaikahatustamme":

www.sefa-bilingual.com/languages

Ulrich Renz · Marc Robitzky

Villijoutsenet
I cigni selvatici

Perustuen Hans Christian Andersenin satuun

+ audio + video

suomi   kaksikielinen   italia

Villijoutsenet

Perustuen Hans Christian Andersenin satuun

ikäsuositus: 4-5. ikävuodesta eteenpäin

Hans Christian Andersenin „Villijoutsenet" ei ole syyttä yksi maailman luetuimmista saduista. Ajattomassa muodossaan se käsittelee inhimillisten näytelmien aiheita: pelkoa, rohkeutta, rakkautta, pettämistä, eroa ja uudelleen löytämistä.

Saatavilla kielilläsi?

► Katso „kielitaikahatustamme":

www.sefa-bilingual.com/languages

© 2024 by Sefa Verlag Kirsten Bödeker, Lübeck, Germany

www.sefa-verlag.de

Special thanks for his IT support to our son, Paul Bödeker, Freiburg, Germany

ISBN: 9783739963129